Evangelos Samios

Die Piraterie im Völkerrecht

Evangelos Samios

Die Piraterie im Völkerrecht

ISBN/EAN: 9783954271832
Erscheinungsjahr: 2012
Erscheinungsort: Bremen, Deutschland

© maritimepress in Europäischer Hochschulverlag GmbH & Co. KG, Fahrenheitstr. 1, 28359 Bremen. Alle Rechte beim Verlag und bei den jeweiligen Lizenzgebern.

www.maritimepress.de | office@maritimepress.de

Bei diesem Titel handelt es sich um den Nachdruck eines historischen, lange vergriffenen Buches. Da elektronische Druckvorlagen für diese Titel nicht existieren, musste auf alte Vorlagen zurückgegriffen werden. Hieraus zwangsläufig resultierende Qualitätsverluste bitten wir zu entschuldigen.

Die Piraterie als völkerrechtliches Delikt.

Inaugural-Dissertation

zur

Erlangung der juristischen Doktorwürde,

der

hohen juristischen Fakultät

der Königlichen Universität Greifswald

vorgelegt

von

Evangelos P. Samios
aus Syra (Griechenland).

Greifswald.
Druck von Julius Abel.
1899.

Literatur.

Allgemeine und besondere Staatsverfassung des Königreichs und der Stadt Algier. Aus dem Französischen des Herrn Le Roy übersetzt. Hannover 1752.
Bynkershoek, Quaestiones juris publici.
Bluntschli, Das Völkerrecht der civilisirten Staaten als Rechtsbuch dargestellt. 3. Aufl. 1878.
Binding, Handbuch der Rechtswissenschaft, Strafrecht Bd. I.
Calvo, Le droit international théorique et pratique. 4. Aufl. 1887 bis 1888.
P. Christian, Histoire des pirates et corsaires de l'Océan et de la Méditerranée. 1846—50.
E. de Corgnac, Les Flibustiers au XVIIe siècle. 1884.
Pierre Fredé, Chasse aux pirates malais. 1885.
Alb. Fornelles, Souvenirs de la piraterie barbaresque. 1882.
Pasquale Fiore, Nouveau droit international public suivant les besoins de la civilisation moderne, traduit de l'Italien et annotée par Charles Antoine. 2. Aufl. 1885—1886.
Gareis, „Die Interdiction des Sklavenhandels" in Holtzendorff's Handbuch des Völkerrechts, Bd. II.
Hall, Treatise on international Law.
Hartmann, Institutionen des praktischen Völkerrechts in Friedenszeiten mit Rücksicht auf die Verfassung, Verträge und die Gesetzgebung des Deutschen Reiches. 2. Aufl. 1878.
Heffter, Das Europäische Völkerrecht der Gegenwart auf der bisherigen Grundlage, herausgegeben von Geffcken. 8. Aufl. 1888.
History of the piratical States of Barbary Algier, Tunis and Maroco, ins Deutsche übersetzt. Rostock 1753.
v. Holtzendorff, Handbuch des Völkerrechts. 1885—1889.
v. Holtzendorff, Rechtslexikon.

Klüber, Uebersicht der diplomatischen Verhandlungen des Wiener Kongresses.
Klüber, Akten des Wiener Kongresses.
Ed. Lamaignière, Les corsaires bayonnais. 1856.
Franz v. Liszt, Das Völkerrecht. 1898.
v. Martitz, Das internationale System zur Unterdrückung des afrikan. Sklavenhandels in seinem heutigen Bestande. Archiv für öffentl. Recht (Laband und Stoerk) Bd. I.
Mercier, Histoire de l'Afrique septentrionale.
Mohl, Politik.
F. v. Martens, Das Internationale Recht der civilisirten Nationen, übersetzt von Bergbohm.
Mommsen, Römische Geschichte. 8. Aufl.
Olshausen, Kommentar z. Reichsstrafgesetzbuch.
Perels, Das Internationale öffentliche Seerecht der Gegenwart. 1882.
Robert Phillimore, Commentaries upon international Law. 2. Aufl. 1871.
Pütter, Beiträge zur Völkerrechts-Geschichte.
Ch. de Rotalier, Histoire d'Alger et de la piraterie des Turcs dans la Méditerranée. 1841.
H. Ribadien, Histoire maritime de Bordeaux; histoire des corsaires bordelais. 1854.
Rivier, Lehrbuch des Völkerrechts. 1889.
Schweighofer, Einleitung zur Kentniss der Staatsverfassung beider vereinigten Königreiche Maroko u. Fes. Wien 1783.
Schoell, Histoire des traités. Tome XIV.
Stoerk in v. Holtzendorffs Handbuch des Völkerrechts Bd. II: „Das Seegebiet und die rechtl. Grundlagen für den internationalen Verkehr zur See."
Stoerk, „Schifffahrt" in v. Stengels Wörterbuch des deutschen Verwaltungsrechts. III. Ergänzungsband.
Ullmann, Völkerrecht. 1898.
Henry Wheaton, Eléments du droit international. 5. Aufl. 1874.
Wheaton, Elements of international Law. 3. Aufl. 1889.
R. Werner in Ersch u. Grubers Encyklopadie („Korsaren").
Wörterbuch des Deutschen Verwaltungsrechts, herausgegeben von Karl Freiherrn v. Stengel.
Zorn, Das Staatsrecht des Deutschen Reiches. 2. Aufl. 1897.

Inhalts-Verzeichniss.

I. Einleitung.
II. Die Piraterie und die europäische Staatenpraxis seit der Mitte des XVII. Jahrhunderts.
III. Das Reformwerk seit dem Wiener Kongress.
IV. Die begriffliche Abgrenzung der Piraterie von anderen Rechtsfiguren in Staatenpraxis und Gesetzgebung.
V. Verfolgung und Bestrafung der Piraterie.

I. Einleitung.

Die erheblichen Leistungen des modernen Völkerrechts für die Sicherung des internationalen Wirthschaftslebens zeigen sich in ihrer vollen Tragweite, wenn wir von Zeit zu Zeit den Blick nach rückwärts wenden und dort Erscheinungen gewahr werden, die sich als tiefgreifende Hemmnisse des gesammten Völkerlebens erwiesen und seither fast spurlos aus dem Leben der zur grossen Rechtsgütergemeinschaft verbundenen Staaten und Völker ausgeschieden worden sind. Die retrospektive Betrachtung lässt in voller Deutlichkeit das Wirken und Walten der durch das Völkerrecht zunehmend gesicherten internationalen Rechts- und Friedensordnung erkennen. Einer solchen Rückschau auf die Gestaltung und Bekämpfung der Piraterie seien die nachfolgenden Blätter gewidmet, die zugleich einen Beitrag zur dogmatisch festern Umschreibung der ins Auge gefassten rechtlich relevanten Erscheinung geben wollen, da die in der Litteratur hervortretenden Lehrmeinungen vielfach an innern Widersprüchen und an Unklarheiten leiden. Nach dem Ausspruche zahlreicher Autoren soll das Delikt der Piraterie zu den Verbrechen zählen, welche ihres speciellen Charakters und der allgemeinen Verbreitung der geschädigten Interessen wegen dem ius puniendi der ganzen Kulturwelt unterstehen, und deren Thäter als hostes generis humani betrachtet werden sollen. Sie bringt die Seeschifffahrt und den Handel in unablässige Gefahren, ist gegen alle Völker ohne Nationsunterschied in Friedens- und Kriegszeiten gerichtet und verstösst nicht nur gegen die Massregeln zur innern Sicherheit eines Staates, sondern überhaupt gegen die gesetzliche Ordnung aller Nationen, sie sei also als ein Delikt, gerichtet gegen die ganze Menschheit, zu betrachten. Lag hier schon die weitestgehende Ueberspannung eines im Grunde vollberechtigten Abwehrgedankens vor, so zeigte sich diese noch mehr in dem deutlich hervorgetretenen Bestreben, die allerverschiedensten Thatbestände mit demselben Deliktnamen zu bezeichnen. So wurde in verschiedenen Gesetzgebungen rechtswidriges Verhalten von Privatschiffen auf hoher See der Piraterie gleichgestellt. So wurden der Piraterie gleichgestellt: der Kaper, der sich von beiden kriegführenden Mächten Kaperbriefe ausstellen lässt; der Sklavenhandel; Verbrechen, die auf dem Meer verübt werden, oder die ebenso wie jene bestraft werden, auch wohl weil ihre Aburteilung gleichen Gerichten übertragen ist; endlich die dolose Beschädigung der submarinen Telegraphenkabel etc. Doch tragen offenbar alle jene Verbrechen nicht denselben strafrechtlichen Charakter, wie die Piraterie, ja manche von ihnen werden von einzelnen Staaten überhaupt nicht bestraft, so dass also von einem Völkerrechtsbruch nicht die Rede sein kann. Diese Gleichstellung verkennt die Differenz der Angriffsobjekte dieser Handlungen und bezweckt in Wahrheit lediglich die Betonung gleicher Strafwürdigkeit.

Erst in der jüngsten Zeit ist es der Rechtswissenschaft gelungen, hier eine schärfere Grenzberichtigung vorzunehmen. Namentlich wirkten hier aufklärend die Untersuchungen von Holtzendorff, Gareis, Zorn u. A., die aus der älteren vermengenden Darstellung zu einer schärfern principiellen Fassung des Begriffes des Seeraubes und seiner Stellung im System der nationalen und internationalen Rechtspflege geführt haben.

Wir werden im Nachstehenden die rechtsgeschichtlichen Momente anzugeben versuchen, die zu jener principiellen Verwechselung namentlich der Piraterie und des Sklavenhandels geführt haben und die Richtung andeuten, die von der europäischen Staatenpraxis allmählich eingeschlagen wurde, um die verschiedenen verkehrsfeindlichen Erscheinungen zu individualisiren und so die für die verschiedenen Thatbestände tauglichen verschiedenen Repressionsmittel in Anwendung zu bringen. Der Weg führt uns, wenn wir antiquarischen Untersuchungen an dieser Stelle nothwendig ausweichen wollen, zu einem wichtigen Kapitel des **genossenschaftlichen Zusammenschlusses der europäischen Kulturstaaten** gegenüber dem verkehrsfeindlichen aussereuropäischen Völkerleben niedriger Entwicklungsstufe.

II. Die Piraterie und die europäische Staatenpraxis seis der Mitte des XVII. Jahrhunderts.

Von einer geschichtlichen Darstellung der Piraterie al Gesammterscheinungsform des räuberischen Angriffes zur See kann schon aus dem Grunde nicht an dieser Stelle die Rede sein, weil es Piraterie gegeben hat, seitdem Menschen zum ersten Mal auf schwankendem Brett sich dem beweglichen Element anvertraut haben und sie hat ihre Schrecken nicht eingebüsst mit Zunahme der Bedeutung des Verkehrs zur See und mit der Werthsteigerung der dem Schiffe anvertrauten Sachgüter. Gleichwohl soll an der Hand einiger geschichtlicher Detailzüge hingewiesen werden auf die von unserer Anschauung fundamental abweichende Verschiedenheit der sittlichen Bewerthung des gegen fremdes Leben und fremdes Gut gerichteten gewaltsamen Angriffes, in dem Völker auf niedriger Kulturstufe eine heldenhafte und ruhmvolle Bethätigung der nationalen Kraft erblicken. Die weite Verbreitung der Piraterie in der Antike ruht auf diesem Untergrund. Schon der Ausdruck Piraterie leitet sich aus dem griechischen her; „πειρᾶν" sein Glück versuchen, namentlich „πειρᾶν τὴν θάλασσαν" auf Seeunternehmung, auf Seeraub ausgehen. Die Piraterie war allgemein. Das Räuberwesen erstreckte sich über Hellenen und Barbaren, und wurde nicht als Schimpf, sondern als Ruhm betrachtet. Infolge der grossen Verbreitung der Piraterie suchten die ältesten Städte sich durch ihre Anlagen im Binnenlande vor den Seeräubern zu schützen.

Die Piraterie wurde ebenso von den Kretern betrieben, und Rhodos, das von den seinem Handel durch die Piraten zugefügten Schlägen sich nicht zu erholen vermochte, vergeudete seine letzten Kräfte in den Kriegen, die es zur Unterdrückung der Piraterie gegen die Kreter zu führen sich genöthigt sah. (Mommsen, Römische Geschichte Band 2, S. 63.) Neben Kreta fing auch Kilikien an, für diese Flibustierwirthschaft eine zweite Heimath zu werden. Die Piraterie griff immer weiter um sich und wurde fest organisirt. Der Seeverkehr war auf dem ganzen Mittelmeer in ihrer Gewalt. Keine Geldsendung, kein Reisender war mehr sicher; eine grosse Anzahl angesehener Römer wurde von den Piraten aufgebracht und musste mit schweren Summen sich ranzionieren. Die Piraten-Geschwader liefen bei den Seestädten an und zwangen sie, entweder mit grossen Summen sich loszukaufen, oder belagerten und stürmten sie mit bewaffneter Hand; all die alten reichen Tempel an den griechischen und kleinasiatischen Küsten wurden nach der Reihe geplündert.

Die Seeräuberschaft gelangte zu einer starken Macht, die Piratenflotte war die einzige ansehnliche Seemacht im Mittelmeer, der Menschenfang das einzige daselbst blühende Gewerbe, da die Piraten zugleich Sklavenfänger und Sklavenhändler waren.

Der römische Senat beschloss, das Meer von diesen Piraten zu reinigen, der Oberbefehl wurde zu dieser Aufgabe dem Pompeius üertragen; ihm gelang es, den Krieg gegen die Piraten mit Umsicht, Thätigkeit und Schnelligkeit zu beenden, indem er 1300 Piratenfahrzeuge zerstörte und ausserdem die reich gefüllten Arsenale und Zeughäuser der Piraten in Flammen setzte; gegen 10000 Piraten waren umgekommen und über 20000 dem Sieger lebend in die Hände gefallen. Nach dem glücklichen Ausgang dieses Krieges konnte die Piraterie niemals wieder ihr Haupt emporheben und völlig die Römer von der See verdrängen, wie es einst war. Nach der Reinigung des Meeres von den Feinden der friedlichen Seefahrt und des Seehandels, gingen Handel und Wandel wieder ihren gewöhnlichen Gang und anstatt der früheren Hungersnot herrschte jetzt in Italien Ueberfluss. (Mommsen, Römische Geschichte. Band 3, S. 113.)

Auch das germanische Völkerleben ist in seinem Verhätniss zum Seeraub nicht frei von dieser die Gewaltthat idealisirenden Anschauung, und der völlige Mangel aller Autorität zur See liess den Wandertrieb und die Suche nach Abenteuern bei den Küstenbewohnern ohne hemmende Schranke. von Holtzendorff bringt die Blüthe des Seeraubs im Mittelalter in einen innern Zusammenhang mit dem die Zeit beherrschenden Gedanken der Feudalität und des Fehderechts. Der Gedanke des Grundherrnrechts bemächtigte sich auch der Meeresufer und musste denjenigen verderblich werden, deren Handelswege sie in die Nähe der Küsten brachten. So ruht denn nach Holtzendorff (Handbuch des Völkerrechts Band 1, S. 345) die im Mittelalter ganz allgemeine Erscheinung des Strandrechts und Seeraubes auf einem doppelten Fundament: Entweder auf dem Seenomadentum herumschweifender Genossenschaften aus der Mitte einzelner nicht völlig sesshaft gewordener Völker; oder auf dem feudalen Fundament der Grundherrschaft, indem der Adel es als sein Recht beanspruchte, dem Kauffahrer zu Lande und zur See sein Geleite und seinen Schutz zu verkaufen, Widerwillige auf Grund vermeintlicher Rechtsverwirkung auszurauben, bis zur Zahlung eines Lösegeldes festzunehmen und gefangen zu setzen.

Was zu Lande jeder Grundherr als Wegelagerer üben zu dürfen glaubte, geschah auch zur See.

„In den Gewässern der Ostsee organisierte sich ein Teil des an den Küsten ansässigen Grundadels gewerbsmässig zu korporativ betriebener Seeräuberei oder Seekriegführung, dessen Vorbild späterhin unter den Buccaniers und Flibustiers der Westindischen Gewässer nachwirkte. Während der Kriege der Hansestädte gegen die nordischen Reiche bildete sich die gefährliche Genossenschaft der Vitalienbrüder, geführt von geschickten Condottieri des Seekampfes, gegen welche Hamburg und Lübeck ihr erstes Bündniss schlossen." (Holtzendorff, Völkerrecht I Bd. S. 345).

Lässt sich so die sprichwörtliche Gesinnung des Mittelalters: „Rauben und Stehlen ist keine Schande, — so thun die Besten im ganzen Lande," — als Grundlage des zeitlichen Rechtsbewusstseins der Völker auch für die Erscheinung des Seeraubes erkennen, so nimmt doch allmälig die erstarkende landesfürstliche Gewalt den Schutz des Seeverkehrs kraftvoll in die Hand. Gemeinsam mit der kirchlichen Autorität wird dem Strandrecht ebenso wie dem Seeraub in Gesetzgebung und Rechtsprechung entgegengetreten und so der Schifffahrtsverkehr der europäischen Gewässer wenigstens von den ärgsten Missständen befreit. So gab dem im christlich-europäischen Völkerleben eingetretenen Wandel der Anschauung Nachdruck und Ausdruck die peinliche Gerichtsordnung Kaiser Karls V. in ihrem CCXVIII. Artikel[*]: Von missbreuchen vnd bösen vnvernünftigen gewonheiten, so an etlichen orten vnd enden gehalten werden.

Dieser Wandel im Rechtsbewusstsein der Verkehrsstaaten blieb jedoch vorwiegend auf Europa beschränkt.

Die hohe Entwicklung, die der Handels- und Schiffahrtsverkehr nach der Aufschliessung der neuen Welt und der Auffindung der neuen Seewege im sechzehnten Jahrhundert genommen, steigerte den Anreiz bei den orientalischen Bewohnern der Nordküste Afrikas. Die Aussicht auf die

---

[*] Ueber die fast gleichzeitige Befestigung gleicher Grundsätze im Rechtssystem der übrigen europäischen Staaten s. Pütter, Beiträge zur Völkerrechts-Geschichte S. 124 fg.

reichen Schätze des mächtig gewachsenen Handelsverkehrs hatte im Becken des mittelländischen Meeres bereits eine solche Rührigkeit und Ausdehnung des Seeraubs nach sich gezogen, dass ein völkerrechtlicher Schriftsteller von der Autorität Bynkershoeks angesichts der Ausdehnung und Regelmässigkeit der Gewaltübung der afrikanischen Seeräuber sich nicht entschliessen kann, diese mit den gewöhnlichen verbrecherischen Feinden des Schiffsverkehrs auf eine Stufe zu stellen.

Bynkershoek widersetzt sich der Behauptung, dass die Barbaresken als Piraten anzusehen wären. Er meint, dass, obwohl sie gegen die Prinzipien der Moral und der Gerechtigkeit handelten, welche die christlichen Staaten regierten, so wären sie doch keine Piraten, da sie ein Gemeinwesen unter einer Regierung bildeten, welche bestimmten Regeln folgte und mit der die europäischen Staaten Friedens- und Kriegsbeziehungen unterhielten. (Quest. jur. publ. 1 I cap. 17 „Algerienses, Tripolitani, Tunisiani, piratae non sunt, sed civitates, quae certam sedem atque ibi imperium habent et quibuscum nunc pax est, nunc bellum, quique propterea ceterorum principum jure esse videntur".)

In der That erhielt der Seeraub dort eine grundsätzliche Organisation und wurde so sehr von Staatswegen betrieben und gepflegt, dass zahlreiche Autoren des vorigen Jahrhunderts wiederholt Anlass nehmen, das staatliche Leben der sogenannten Barbareskenstaaten ganz besonders mit Rücksicht auf diesen Punkt zum Gegenstand eingehender Schilderungen zu machen. Wir gewinnen Einblick in eine längst untergegangene staatliche „Ordnung", — deren rechtliche Begründung merkwürdiger Weise noch Lord Stowell im Jahre 1801 als unanfechtbar anzusehen geneigt war, — wenn wir aus den Berichten diplomatischer Funktionäre und anderer Autoren, aus der zweiten Hälfte des vorigen Jahrhunderts die nachstehenden Züge aus dem geregelten Betriebe der Piraterie der nordafrikanischen Küstenstaaten gewinnen.

So finden sich in der von einem englischen Konsul (London 1750) publicirten History of the piratical States of Barbary, Algier, Tunis and Maroco ins Deutsche übersetzt (Rostock 1753) die nachfolgenden Züge aus der uns an dieser Stelle besonders interessirenden Staatsverfassung der bezeichneten Gemeinwesen Nordafrikas. Zunächst tritt in der Schilderung die hervorragende Bedeutung auf, die dem Seewesen in der Regelung der öffentlichen Angelegenheit dort zukomme.

„Die Schifffahrt, schreibt der bezeichnete Autor (a. a. O. S. 309 fg.), hat in dieser Republik eine grosse Macht. Obwohl die Seecapitains allein die Vorsteher derselben sind, die an den übrigen Staatsangelegenheiten nicht den geringsten Antheil haben; da aber die ganze Seemacht von ihnen eingerichtet, und nach ihren Rathschlägen regieret wird, so wird ihr Kollegium in allen Fällen mit grosser Hochachtung tractiret. Sie haben ein gewisses Vorrecht, das sehr wohl gegründet ist; indem ihre Streifereien auf dem Meere nicht nur die reichste Quelle der öffentlichen Einkünfte sind, sondern weil sie ihnen auch bei christlichen Potentaten für ihre handelnden Unterthanen Sicherheit und Freiheit schaffen".

Der Staat hatte an allen Prisen oder Seebeuten den achten Theil, sowohl in Ansehung der Sklaven, als in Ansehung der Schiffsladung und des Schiffes selbst. Die übrigen Teile fallen an die Eigentümer der Schiffe oder an die Schiffscompagnie. Die Kapitäns haben wenigstens einen Teil daran. Und wenn sie in ihren Streifereien auf dem Meere nicht glücklich sind, so pflegen sie ihr Kommando bald nieder zu legen. (a. a. O.)

„Wenn ein algierischer Kapitain zum Kreuzen auf dem Meere anschickt, so muss er erst den Dey um Erlaubniss bitten, die ihm auch nicht versagt wird, es sei denn, dass man seines Schiffes zum Dienste des Staates benöthiget. Wenn er nun Erlaubniss erhalten hat, so rüstet er vermittels seiner eigenen und anderer Schiffskapitäns Sklaven das Schiff aus, an dessen Bord auch die Sclaven verschiedener Privatpersonen Dienste nehmen, um an der Beute Theil zu bekommen, davon ihnen ein grosser Theil für ihre Herren abgezogen wird.

An Bord eines jeglichen Schiffes befindet sich ein Aga-Bachi. Er kommandirt die Soldaten, und wenn sie etwas versehen haben, so strafet er sie auch. Der Kapitän kann ohne seine Einwilligung weder einem Schiffe nachjagen, noch vom Nachsetzen ablassen. Wenn ein Schiff zu Algier ankömmt, so stattet dieser Aga Bericht ab bei dem Dey, wie sich der Kapitän verhalten, der gewiss seiner Strafe nicht entgeht, wenn er vom Aga und den meisten Soldaten angeklaget wird, dass er wegen nachlässiger Verfolgung ein Schiff nicht erobert, oder dass er ein anderes auf ungewisse Passeports seine Strasse habe reisen lassen, oder dass er es sonst worinn versehen. (A. a. O. S. 315).

Die Auftheilung der Beute erfolgte in einem geregelten Verfahren, bei welchem besondere Vorschriften über die Vertheilung der erbeuteten Schiffsbesatzung bis ins Einzelne gingen und einen Einblick in die rechtlichen Schicksale des der Sclaverei verfallenen gefangenen Schiffsmannschaften eröffnen. Der zeitgenössische Autor berichtet hierüber wie folgt a. a. O. S. 318 fg.:

„Wenn der Kapitän sein Schiff im Hafen zur Sicherheit gebracht, so lässt er alle Sclaven in das königliche Haus führen, und die ausländischen Konsuls werden herbeigerufen, sich zu erkundigen, ob etwa jemand von ihrer Nation unter den Sclaven sei. Findet sich jemand darunter, so werden sie hervorgefordert, und der

Konsul fragt sie, ob sie blosse Passagiere sind, oder eigentlich mit zur Schiffskompagnie gehören. Denn wenn sie erweisen können, dass sie Passagiere sind, so werden sie an den Konsul ausgeliefert. Gehören sie aber zum Schiffe oder werden sie bewaffnet gefunden, so ist ihr Schicksal die Sclaverei. Der Dey, wenn er die Sclaven hat aufführen lassen, sucht sich von ihrer Anzahl allemal den achten aus, und man kann sich leicht vorstellen, dass er die besten nehmen werde, die gut aussehen, viel Geschicklichkeit besitzen, sonderlich aber die, so ihrer Profession nach Zimmerleute sind. Diese Ausgesuchten werden gleich in die Bäder des Dey geschickt, die andern aber werden an die Meistbietenden verkauft.

Wie wenig sich die Barbareskenstaaten dem System des aufsteigenden europäischen Völkerrechts anzupassen vermochten, zeigt die Erfolglosigkeit der mit den anderen Staaten geschlossenen Verträge, die in erster Linie den Verzicht auf das Beuterecht gegenüber den Unterthanen der Kontrahirenden Staaten, häufig gegen Leistung einer Pauschalentschädigung in Gestalt eines festen Tributs, bezweckten. Einen sprechenden Beweis hiefür liefern uns die zeitgenössischen Autoren in dem Hinweise auf den Abbruch der vertragsrechtlichen Beziehungen zwischen den Barbaresken und den Holländern. Nach der Angabe des von uns citirten oben Berichterstatters (a. a. O. S. 335 fg.) hatten die Generalstaaten ehedem auch ein Haus und einen Konsul in Algier, der sich aber seit 1716 entfernt hat. „Als nämlich die algierischen Seeräuber keine sonderliche Beute machten, so kam diese Materie im Divan zur Sprache, und es wurde die Abnahme ihrer Beute darin gesuchet, dass sie keine reichen Feinde hätten; es begegneten ihnen nur französische, englische und deutsche Schiffe; und da die Beute auf dem Meere eine von den Haupteinkünften, ja die Stütze des Staats und des Seewesens sei, so sei es schlechterdings nötig, durch die meisten Stimmen zu entscheiden, welcher von diesen drei Nationen der Krieg angekündigt werden sollte. Dieses Schicksal traf nun Holland, und sogleich wurde ein dieser Nation zugehöriges Schiff, das eben vor Algier im Hafen lag weggenommen, und an alle Häfen des Königreichs Ordre geschickt, desgleichen zu thun. Dem Konsul, der sonst bei dem Dey sehr hoch angeschrieben war, und der sich unter Christen, Mohren und Türken, in grosse Hochachtung gesetzet, wurde Zeit gegeben, seine Angelegenheiten zu besorgen, und er wurde für seine Person überaus höflich tractieret."*)

Im Wesentlichen stimmt damit überein die Schilderung die Admiral Sidney Smith in seiner dem Wiener Congress überreichten Denkschrift**) entwirft. Ueber die Sachkenntnis des englischen Admirals, der hauptsächlich zur Anregung der Frage auf dem Congress anwesend gewesen, giebt Joh. Ludw. Klüber (in seiner Uebersicht der diplomatischen Verhandlungen des Wiener Kongresses I. Abth. S. 56 fg.) sein Gesammturtheil mit den Worten:

Mit brennendem Eifer nahm der englische Admiral Sir Sidney Smith, hauptsächlich deswegen auf dem Congress anwesend, sich dieses Gegenstandes an. Wer mochte bezweifeln, dass über diesen hochwichtigen Gegenstand ein Urtheil dem Mann gebühre, der ihn dreissig Jahre lang unab-

---

*) Der im Völkerverkehr gewiss einzig geartete Vorgang wird auch verbürgt durch den Bericht in: Allgemeine und besondere Staatsverfassung des Königreichs und der Stadt Algier. Aus dem Französischen des Herrn Le Roy übersetzt. Hannover 1752, S. 86 fg. — In den Hauptzügen übereinstimmend die Zustände in den anderen Barbareskenstaaten in der Mitte des vorigen Jahrhunderts. S. Schweighofer, Einleitung zur Kenntniss der Staatsverfassung beider vereinigten Königreiche Maroko und Fes. Wien 1783.

**) Klüber, Acten des Wiener Congresses Bd. V S. 528. Schon unter dem Datum: London den 31. Aug. 1814, hatte Sir Sidney Smith diese Denkschrift an mehrere Höfe gesendet. Journal de Francort 1816, Nr. 23.

lässig verfolgt hatte auf seinen See- und Heerfahrten, und während seiner diplomatischen Sendung bei der Pforte, und seines mehrfachen Aufenthaltes in den an das Mittelmeer grenzenden Staaten, insbesondere seines Aufenthaltes unter den Nationen und Volksstämmen von Asien und Afrika?

In seinem Mémoire sur la nécessité et les moyens de faire cesser les pirateries des États Barbaresques presenté au Congrès de Vienne schildert Sidney Smith die Nordküste Afrikas als: ..... habitée par des pirates turcs, qui non-seulement oppriment les naturels de leur voisinage, mais les enlèvent et les achètent comme les esclaves, pour les employer dans les bâtimens armés en course à arracher à leurs foyers d'honnêtes cultivateurs, de paisibles habitans des côtes de l'Europe. Ce honteux brigandage ne révolte pas seulement l'humanité, mais il entrave le commerce de la manière la plus nuisible, puisqu'un marin ne peut naviguer aujourd'hui dans la Méditerrannée, ni même dans l'Atlantique sur un bâtiment marchand, sans éprouver la crainte d'être enlevé par des pirates et conduit comme esclave en Afrique.

Unter diesen im Vorstehenden andeutungsweise geschilderten misslichen Verhältnissen greifen die Verkehrsstaaten zu allen sich ihnen darbietenden und Erfolg versprechenden Rechtsmitteln zur Sicherung ihrer Nationalen und des nationalen Schiffahrtsverkehrs. Zunächst versuchen sie dies durch den **Abschluss von Handels- und Schiffahrtsverträgen** unter einander, in welchen sie sich wechselseitig verpflichten den Schiffen der Seeraubstaaten keinerlei Hilfe oder Zuflucht zu gewähren, ihnen den Eintritt in ihre Häfen zu versperren, das dort anzutreffende geraubte Gut wieder abzunehmen etc.*)

---

*) Vergl. hierzu das umfangreiche Quellenmaterial in der Partie alphabétique der Table Générale du Recueil des Traités de G. F. Martens et de ses continuateurs, Göttingen, 1876 in den Rubriken: Algier, Maroc, Tripolis und Tunis.

Bei der Erfolglosigkeit dieser über mehr als hundert Jahre sich erstreckenden Vertragspolitik begnügen sich in der Folge einzelne Staaten, zum mindesten die Gefährdung ihrer Küstengewässer und der angrenzenden Seegebiete vor den Korsaren zu sichern und ihnen vertragsrechtlich die Aunäherung an ihre Seebezirke zu verbieten. Diesen Weg schlägt noch bis weit in unsere moderne Zeit hinein selbst das grosse britische Reich ein, das sich noch in der Declaration des Bey von Tunis vom 19. October 1817 das nachfolgende solenne Versprechen geben lässt:

Nous, Sidi-Mahmoud-Bacha, Bey de Tunis etc. etc. etc. Promettons et déclarons sincèrement qu' à l'avenir les commandans de tous nos bâtimens et vaisseaux recevront, sous peine de châtiment sévère et de tout notre déplaisir, l' ordre de ne pas entrer dans le canal d'Angleterre ou dans les mers voisines, de ne croiser ni manoeuvrer en aucune manière en vue d'aucune partie des domaines de Sa Majesté le Roi de la Grande-Bretagne et d'Irlande et de ne troubler en aucune façon la paix ou le commerce des dits Pays.*)

Eine gleiche den nur Specialinteressen Englands dienende Lösung des Problems enthält die solenne Erklärung des Bey von Tripolis vom 8. März 1818 die wir in ihren entscheidenden Sätzen hier anführen, um das Bild von der räumlichen Ausdehnung der durch die Barbareskenstaaten vorgenommenen Gefährdung des internationalen Schiffahrtsverkehrs erkennen zu lassen. Nous, Jusuf, Caramanli Basha Bey, Gouverneur et Capitaine général de la Cité et Régence de Tripoli, dans l'Occident, promettons et déclarons sincèrement, par ces présentes, qu'à l'avenir nous donnerons aux capitaines de tous nos vaisseaux l'ordre le plus strict, sous peine de punition sévère, de ne pas croiser près d'aucun port des Etats de

---

* Martens Nouv. Supplément T. II. pag. 278.

Sa Majesté Britannique, particulièrement dans le canal Anglais ou les mers étroites, et de n'en pas approcher.*)

Auch für das von zahlreichen betheiligten Staaten gewählte Auskunftsmittel der Loskaufung durch Zahlung eines jährlichen Tributs oder „pflichtmässigen Geschenkes" an die Barbareskenstaaten sei typisch hier angeführt der Vertrag, den das Königreich beider Sicilien mit dem Bey von Tunis noch am 17. April 1816 abgeschlossen hat. Er behandelt den von uns erörterten Fragenkreis zunächst im Art. IV, nach dessen Inhalt:

Aucun vaisseau de guerre ni corsaire de l'une ou de l'autre puissance, ne pourra stationer aux environs d'un des ports situés dans le domaine de l'une des deux puissances, dans l'intention de s'emparer d'un bâtiment ennemi, ni capturer ou prendre un vaisseau ennemi qui se trouveroit sous la portée du canon de la côte amie; il ne pourra aussi attaquer aucun vaisseau ou bâtiment qui auroit jeté l'ancre dans une baie sous la portée du canon, quand même il n'y auroit point de batterie ou canons pour la défendre.

Die Gegenleistung wird im Art. XIV zugesichert mit den Worten:

Lord Exmouth s'engage au nom de S. M. le Roi des Deux-Siciles, qu'un présent de dix milles piastres d'Espagne sera fait tous les deux ans à S. A. le Bey de Tunis, ou bien cinq milles piastres annuellement, payables au 1er Janvier de chaque année. Le premier payement sera fait au 1er Janvier 1817.

Lord Exmouth s'engage en outre au nom de S. M. le Roi des Deux-Siciles que la somme de trois cents piastres d'Espagne soit payée pour le rachat de chaque sicilien ou napolitain présentement en esclavage dans le royaume de

---

*) Martens Nouv. Suppl. a. a. O. 376.

Tunis, sous la condition qu'ils seront immédiatement livrés à Lord Exmouth.

Mit Recht hat schon Sidney Smith auf den für die christlichen Seestaaten beschämenden Umstand hingewiesen, dass diejenigen Staaten, die sich zur Zahlung von Tributsummen bereit fanden, dadurch geradezu die **Solidarität des europäischen Staatensystems** den Barbaresken gegenüber komprommittirten nnd diesen selbst die Mittel zur Fortsetzung ihrer Bekämpfung des internationalen Seeverkehrs darboten. (a. a. O.):

„Le barbare a aussi un moyen formidable d'extorquer de l'argent des princes chrétiens; il les menace (ce qu'il vient de faire par rapport à la Sicile) de mettre à mort ceux de leurs sujets tombés en son pouvoir; sa cruauté connue rendant ses menaces tres-redoutables, lui devient un moyen de faire servir l'argent d'un prince chrétien à soutenir la guerre qu'il déclare à l'autre, il peut ainsi mettre toute l'Europe à contribution, et forcer, pour ainsi dire, les nations à tour de rôle, à payer un tribut à sa férocité en achetant de lui la vie des malheureux esclaves et la paix.

Il est inutile de démontrer qu'un tel état de choses est non seulement monstrueux, mais absurde, et qu'il n'outrage pas moins la religion que l'humanité et l'honneur. Les progrès des lumières et de la civilisation doivent nécessairement le faire disparaître."

Durch den Vertrag, der am 5. September 1795 zwischen Amerika und Algier abgeschlossen wurde, ward die Zahlung eines Tributs seitens Amerikas an Algier bestimmt, um dadurch die Angriffe der Barbaresken gegen die amerikanischen Schiffe zu vermeiden; die Aufrechterhaltung des Vertrages war indessen nur von kurzer Dauer, denn bei dem Kriege zwischen Amerika und England befahl der Dey von Algier die Erneuerung der Angriffe gegen die amerikanischen Schiffe, in der Absicht, hierdurch bei der günstigen Gelegenheit in der Folge einen höheren Tribut zu erzwingen.

Andere Staaten, namentlich Oesterreich und Russland schlugen zur Erreichung der internationalen Verkehrssicherheit den vom Gesichtspunkt der Theorie wohl unanfechtbaren Weg ein, die Barbareskenstaaten als **rechtsunterworfene, der Souveränetät entbehrende Gebiete** anzusehen und für ihr **auswärtiges Verhalten** daher den **Suzerän, die Pforte, haftbar zu machen**. In Fällen der Vergewaltung ihrer Unterthanen durch tunesische Seeräuber wandten sie sich klagend und Genugthuung heischend öfter an die türkische Regierung, als an den Bey, und forderten von der Pforte, der tunesischen Corsarenwirthschaft zu steuern und diejenigen Angehörigen, welche unter diesen Räubereien gelitten hatten, schadlos zu halten. In diesem Sinne wurden verschiedene Verträge zwischen der Pforte, unter deren Oberhoheit die Barbaresken-Staaten standen, und europäischen Staaten abgeschlossen; so der in Belgrad vom 18. Sept. 1739 und der in Szistowe am 2. Januar 1791 geschlossene Vertrag zwischen Oesterreich und der Pforte, wodurch die Pforte jede Verantwortlichkeit und Entschädigungspflicht für jede Piratenthat seitens der Barbaresken übernahm und damit die Verpflichtung, die Piratenschiffe den Barbaresken zu entziehen und in der Zukunft denselben zu verbieten, solche zu bauen. „Il sera sérieusement enjoint aux Algériens aux Tunésains et aux Tripolitains, de ne point contrevenir aux conditions de paix et aux capitulations faites séparéments. Les Dulcignotes sur la mer Adriatique seront également reprimés ainsi que tous les autres sujets de l'empire Ottoman, afin que desormais ils s'abstiennent de la piraterie. On leur ôtera leur barques, frégates et autres navires, et on les empêchera d'en construire d'autres. Les prises que ces sortes de brigands auront faites, en contravention à la paix, seront rendues, ainsi que le captifs, et ils seront de plus sévèrement punis (Artikel XI. des Belgrader Vertrages.")*) Das russische Cabinet hat, wie aus dem Vertrag zu Jassy vom Jahre 1792 (Art. 7) und der Convention von Akkermaun von 1826 (Art. 6) hervorgeht, gleichfalls immer den Sultan für die Räubereien der Tunesier verantwortlich gemacht. **)

III. Das Reformwerk seit dem Wiener Congress.

Thatsächlich führte keines der angewandten Mittel, keiner der von den Staaten eingeschlagenen verschiedenen Wege zum erwünschten Ziel der völkerrechtlichen Sicherung des Seeweges in den Gewässern des Mittelländischen Meeres und des Atlantischen Oceans. Auch der grosse Völkerareopag des Wiener Congresses hat in seinem unbegrenzten Cultus des Legitimitätsgedankens es nicht gewagt, energisch den Besitzstand der Pforte und ihrer Tributstaaten anzutasten. Die vom Congress in Angriff genommene umfassende Action zu Gunsten der Unterdrückung des Sclavenhandels erschien dem zeitgenössischen Urtheil der Fachgenossen nur als ungenügende Lösung eines Theiles des grossen Problems. Sidney Smith klagt in seinem Memoire a. a. O.: „Pendant que l'on discute les moyens d'opérer l'abolition de la traite des nègres sur la côte occidentale de l'Afrique, et que l'Europe civilisée s'efforce d'étendre les bienfaits du commerce, ceux de la sécurité des personnes et des propriétés dans l'intérieur de ce vaste continent, peuplé d'hommes doux, industrieux et capables de jouir au plus haut degré des avantages de la civilisation, il est étonnant qu'on ne fasse aucune attention à la côte septentrionale de cette même contrée."

---

*) Siehe Henry Wheaton. Histoire du droit des gens par William Beach Lawrence, tome I, pag. 258. Schoell, Histoire des traités tome XIV, pag. 378.

**) S. Martens-Bergbohm „Völkerrecht" Bd. 1, S. 259, 267.

In der zweiten Sitzung (20. Jan.) des Comité's für Abschaffung des Negerhandels musste Lord Castlereagh den nicht ungerechten Vorwurf hören, dass England sich allzu gleichgültig benehme, in Absicht auf die Seeräubereien der Barbaresken. „Höchstens begnüge es sich damit, durch Geschenke Achtung von ihnen für die britische Flagge zu erwirken. Und doch bedürfe es nicht des zehnten Theils der Anstrengungen, die man für Abschaffung des Sclavenhandels anwende, um jene Seeräuber im Zaum zu halten, die, ausser dem Sachen- und Menschenraub und dem Schrecken, den sie auf dem Mittelmeer und dessen Küsten verbreiten, daselbst den Bewohnern und Schifffahrern vielleicht einst noch die Pest mittheilen werden."

Der Cardinal Consalvi, von Lord Castlereagh aufgefordert, den Widerstreit zwischen Christenthum und Sclavenhandel ins Licht zu setzen, ergriff diese Gelegenheit, den Congress-Bevollmächtigten der acht Mächte auch den Unfug der Barbaresken dringend an das Herz zu legen, der sogar begünstigt werde durch die in dem letzten Kriege von den Engländern geschehene Zerstörung der Leuchtthürme an den Küsten Italiens. Er verhehlte nicht das Befremden der Völker, welche die Küsten des Mittelmeers bewohnen, darüber, dass Bonaparte, fast ohne Seemacht, besser, als jetzt die zahlreichen und kampfesgeübten Geschwader der Engländer, die Barbaresken im Zaum zu halten gewusst habe.

Als Mittel der Bekämpfung schlug Sidney Smith in seinem Mémoire eine Koalition der betheiligten Seestaaten vor, die sich in einem Kollectivvertrag verpflichten müssten „à fournir leur contingent d'une force maritime, qui, sans compromettre aucun pavillon, et sans dépendre des guerres ou crises politiques des nations, aurait constamment la garde des côtes de la Méditerrannée, et le soin important de surveiller, d'arrêter et de poursuivre tous les pirates par terre et par mer. Ce pouvoir avoué et protégé par toute l'Europe, non seulement rendrait au commerce une parfaite securité, mais finirait par civiliser les côtes de l'Afrique, en empêchant ses habitans de continuer leur piraterie au préjudice de leur industrie et de leur commerce légitime."

Von Seite des Congresses erfolgte keine Verfügung. „So treiben denn", ruft Klüber,*) „die Seeräuber-Rotten ihr grausames Unwesen im Angesicht der christlichen Seemächte, besonders der Engländer, nach wie vor. Ohne Scheu beschimpfen sie die Flaggen derjenigen Mächte, die sich durch Entrichtung eines schmählichen Tributs nicht erniedrigen. Sie rauben Staats- und Privateigenthum auf Küsten und Schiffen, und verdammen die Menschen, deren sie habhaft werden, zur grausamsten Sclaverei. So schmachten jetzt, laut der neuesten Namenliste der römischen Congregation der Missionen, nur allein in den Gebieten von Tunis und Algier weniger nicht als neunundvierzigtausend Christen-Sclaven. Giebt es einen Gegenstand, der eines allgemeinen Aufrufs an alle Mächte von Europa würdiger wäre, als dieser?"

Gleichwohl hat trotz seiner principielle Ablehnung des Eingriffes in die Sphäre des orientalischen Staatenlebens der Wiener Congress doch mittelbar in wirksamster Weise zur allmähligen Bekämpfung und endlichen Unterdrückung der Piraterie in den afrikanischen Gewässern beigetragen durch sein umfassendes System von internationalen Einrichtungen zur Bekämpfung des Negerhandels und Sclaventransports zur See. Dieses grosse Verdienst der Verhandlungen des Congresses, der sich gerne als „Orbis christiani Senatus" preisen hörte, (s. Klüber a. a. O.) kann nicht durch die Erkenntniss geschmälert werden, dass sich in Folge der Berathungsergebnisse in der Staatspraxis eine Unklarheit über die Begrenzung des Delikts des Sclavenhandels und des Seeraubs eingestellt hat,

---

*) Klüber: Uebersicht der diplom. Verhandlungen des Wiener Congresses. 1. Abt. S. 58.

die erst allmählig, wie unten nachzuweisen sein wird, einer grösseren Klarheit und Bestimmtheit der in Betracht kommenden verkehrsfeindlichen Erscheinungen gewichen ist. Hier dürfte der Hinweis genügen, dass das Piratenthum der Barbareskenstaaten auch nicht der von englischer Seite hauptsächlich geführten Seekontrolle zur Bekämpfung des Negerhandels gänzlich wich, sondern thatsächlich erst dann verschwand aus dem Mittelmeerbecken, als Algier 1830 durch Frankreich erobert und unter die staatliche Gewalt eines Kulturvolkes gestellt worden ist. Erst von diesem Zeitpunkte ab ist das Seeräuberthum der nordafrikanischen Staaten im Mittelländischen und Atlantischen Meeresgebiete endgültig vernichtet worden.*)

IV. Die begriffliche Abgrenzung der Piraterie von anderen Rechtsfiguren in Staatenpraxis und Gesetzgebung.

Wie die Feststellung des Thatbestandes der Piraterie grossen Schwankungen in der Staatspraxis unterlag, so begegnete auch die legislative Begriffsbestimmung des Seeraubes vielfachen Bedenken, wenn man die Strafgesetzgebungen der modernen Völkerwelt vergleicht. Vor nicht allzu langer Zeit, als die Rechtsidee und Rechtsordnung auf anderen Grundlagen ruhten als heute, als die persönliche Freiheit nicht geachtet und die Regeln, welche das heutige Kriegsrecht und die Rechtslage der Neutralen genauer begrenzen, noch nicht feststanden, wurden verschiedene verbrecherische Thaten, welche des Thatbestandes der Piraterie ermangelten, dennoch

---

*) R. Werner betont den Einfluss des Einverleibung Algiers in Ersch und Grubers Encyklopädie ad v. „Korsaren". Ueber die geschichtlichen Vorgänge, die zur Intervention Frankreichs gegen Algier führten, s. E. Mercier, Histoire de l'Afrique septentrionale T. II. Chap. 19: Les nations européennes s'entendent pour mettre fin à la piraterie. Allerdings auch hier ohne genaue Unterscheidung zwischen Piraterie und Negerhandel.

von den Gesetzgebungen der diversen Nationen genau gleichgestellt, beziehungsweise als gleichgestellt erachtet, lediglich um ihre gleiche Strafwürdigkeit zu betonen.

Das französische Gesetz vom 10. April 1825 „Loi pour la sureté de la navigation et du commerce maritime", welches heute noch gilt, bezeichnet im Artikel 1 jedes Individuum als Piraten, welches bewaffnet auf dem Meer ein französisches Schiff oder ein solches eines anderen Staates, mit welchem Frankreich sich nicht im Kriegszustande befindet, angreift, um Plünderungen oder andere Gewaltakte zu verüben.

Als Piratenschiffe werden solche Fahrzeuge erachtet, welche, ohne mit Kaperbriefen, „lettres de marques", versehen zu sein, in Friedenszeiten Gewaltthaten und Plünderungen gegen ein französisches Schiff unternehmen. Artikel 3 desselben Gesetzes erklärt endlich als Piraten jede Person, die der Mannschaft eines Schiffes angehört, welches bewaffnet segelt, ohne mit Reisepass, Verzeichniss der Mannschaft oder andere Urkunde, die die Expedition legitimieren kann, ausgestattet zu sein. Jeder Kommandant eines bewaffneten Schiffes, welches Kaperbriefe von zwei oder mehr Staaten annimmt; sowie derjenige, welcher ohne Erlaubniss seiner Regierung in Besitz eines solchen kommt, wird ebenfalls als Pirat erklärt.

Die spanische amtliche Verordnung von 1801 „Ordonnance sur la course" erklärt im Artikel 27 und 29 als Piratenschiffe diejenigen, welche mit falschem Reisepass segeln oder überhaupt nicht im Besitz eines solchen sind, und ähnlich, wie das französische Gesetz erklärt sie die Kommandanten der Schiffe für Piraten, welche Kaperbriefe ohne Erlaubniss ihrer Regierung annehmen.

Der amerikanische Congress beschloss im Jahre 1790, dass jedes zur See begangene Verbrechen, welches zu Lande mit dem Tode bestraft würde, Seeraub sein sollte und dass jeder Bürger, welcher auf hoher See einen Akt der Feindseligkeit gegen die Vereinigten Staaten begeht, als Seeräuber zu bestrafen sei. „Every crime committed at sea, which if committed on land would be punishable with death, was piracy".

Das Nordamerikanische Gesetz vom 25. Mai 1820 erklärt weiter als Piraten diejenigen, welche auf offenem Meer oder in einem Hafen, einer Bucht, einem Meerbusen oder auf einem Fluss, der sich ins Meer ergiesst, einen Diebstahl begehen, oder auf einem Schiff an der Besatzung oder Ladung desselben Gewaltthaten ausüben.

Das griechische Gesetz vom 30. März 1855 „Περί Ναυταπάτης καί Πειρατείας" vermied, die charakteristischen Merkmale der Piraterie festzustellen und ihren Thatbestand zu formulieren. Der griechische Gesetzgeber begnügte sich damit, die verschiedenen Strafen aufzustellen, die stufenweise gesteigert werden. Der Schuldige wird verschieden bestraft, je nachdem der auf hohem Meer gegen ein Schiff erfolgte Angriff Tödtung, schwere Verletzung oder Wahnsinn des Angegriffenen herbeigeführt hat. (Artikel 6, 7 und 8.) Wegen der besonderen Gefährlichkeit des Verbrechens der Piraterie und der Schwierigkeit, die Merkmale derselben festzustellen, sah sich der Gesetzgeber genötigt, durch Artikel 11 zu bestimmen, dass Piraten nicht wie alle anderen Verbrecher vom Schwurgericht abgeurtheilt werden sollen, sondern vom Appellhof, in der Meinung, dass die Richter desselben wegen ihrer besonderen Gelehrsamkeit und ihres Scharfsinns dazu fähiger als die Geschworenen wären.

Aehnlich wie der griechische Gesetzgeber hat es auch der deutsche unterlassen, ein besonderes Delikt der Piraterie zu definieren. Er erkennt den Seeraub als einen besonders gefährlichen Raub an, welchen er mit härteren Strafen als den gewöhnlichen Raub bedroht. Nach § 250 Reichsstrafgesetzbuchs ist auf Zuchthaus nicht unter 5 Jahren zu erkennen, wenn

1. der Räuber oder einer der Theilnehmer am Raube bei Begehung der That Waffen bei sich führt;
2. zu dem Raube Mehrere mitwirken, welche sich zur fortgesetzten Begehung von Raub oder Diebstahl verbunden haben;
3. der Raub auf einem öffentlichen Wege, einer Strasse, einer Eisenbahn, einem öffentlichen Platze, auf offener See*) oder einer Wasserstrasse begangen wird.

Sehr eingehend und viel bestimmter, als die Gesetzgebungen der oben genannten Staaten ist betreffs der Piraterie das niederländische Strafgesetzbuch vom 3. März 1881.

Durch Artikel 381 wird als Seeräuber derjenige bezeichnet, welcher als Schiffer Dienst nimmt oder thut auf einem Fahrzeuge, von dem er weiss, dass es dazu bestimmt ist oder dazu gebraucht wird, auf offener See Gewalt gegen andere Fahrzeuge oder die auf solchen befindlichen Personen oder Sachen zu begehen, ohne hierzu durch einen kriegführenden Staat ermächtigt zu sein oder zur Kriegsflotte einer anerkannten Macht zu gehören.

Als Seeräuber wird durch Artikel 388 derjenige betrachtet, welcher ohne Erlaubniss der niederländischen Regierung einen Kaperbrief annimmt oder als Schiffer auf einem Fahrzeuge Dienste nimmt oder thut, von dem er weiss, dass es ohne Erlaubniss der niederländischen Regierung zur Kaperei bestimmt ist. Ausserdem sucht das Gesetz präventiv einzuwirken, indem es denjenigen mit harter Strafe bedroht (Artikel 384), der ein Schiff ausrüstet oder zu seiner Verheuerung, Verfrachtung, Versicherung mitwirkt, obwohl er weis, dass es die im Artikel 381 bezeichnete Bestimmung hat.

Aus der Darstellung der obigen Strafgesetzbücher der verschiedenen Staaten über das Verbrechen der Piraterie ergiebt sich, dass die Piraterie nicht überall gleichmässig be-

---

*) Vgl. hierzu Olshausen Kommentar zu § 250 N. 3.

stimmt ist. Vielmehr verschiebt sich das Bild des Delikts dadurch, dass grundverschiedene Thatbestände wie Kaperei, Nichtbesitz eines Reisepasses oder der Besitz eines falschen und endlich auch der Negerhandel dem Verbrechen der Piraterie gleichgestellt und mit derselben Strafe bedroht werden.

Eine kurze Erörterung dieser der Piraterie gleichgestellten Strafhandlungen wird überzeugend wirken, dass jene Gleichstellung sachlich unzutreffend und praktisch verwerflich ist. Der Seeraub ist unseres Erachtens ein völkerrechtliches Delikt, dem gegenüber nach Binding jeder Staat wahren Beruf zur Weltrechtspflege hat,*) während die ihm gleichgestellten Thaten nicht diesen Charakter tragen können, weil die allgemeinen Rechtsüberzeugungen sich noch nicht dahin haben einigen können, diese als strafbar anzuerkennen und mit gleicher Strafe zu bedrohen oder auch nur von demselben Gesichtspunkt aufzufassen.

1. In Ansehung der Parallele zum Negerhandel können wir uns hier auf die knappsten Angaben beschränken. Die geschichtlichen Daten der Entwicklung sind wiederholt zur Darstellung gebracht worden — wir verweisen hier nur auf die beiden Studien von v. Martitz: „Das internationale System zur Unterdrückung des Afrikanischen Sklavenhandels in seinem heutigen Bestande, Archiv für öffentliches Recht Bd. I, und Gareis „die Interdiction des Sklavenhandels" in v. Holtzendorffs Handbuch des Völkerrechts Bd. II. —

Hier dürfte der Hinweis genügen, dass zur Durchführung der vom Wiener Congress aufgestellten Collektivaufgabe aller Staaten die Staaten einen vertragsmässigen Verzicht auf den anationalen Charakter der hohen See in gewissen Afrika umgebenden Meerestheilen vorgenommen haben und England

---

*) Binding, Handbuch der Rechtswissenschaft, Strafrecht Bd. I, S. 379.

conventionell das einseitige Recht zugestanden haben, an den Küsten halbcivilisirter Staaten durch seine Kriegsschiffe eine Art unvollständiger Blocade, nämlich ein Visitationsrecht aller des Sklavenhandels verdächtigen Schiffe der Flagge jener Staaten auszuüben. Die neuesten dieser Verträge (1873—1884) gestatten den englischen Kriegsschiffen das Durchsuchungsrecht gegenüber Sansibar, dem Komorenarchipel, Makulla, Egypten, der Türkei, Persien und Abyssinien.[*)]

Eine fruchtbare Fortbildung der durch den Quintupelvertrag vom Jahre 1841 aufgestellten Grundsätze über die Bekämpfung des Sklavenhandels zu Land und zur See ist geboten durch die Brüsseler Generalacte vom 2. Juni 1890, ratificirt am 2. Januar 1892. Kapitel III, Art. XX bis LXX.

Niemand kann somit die grossen Fortschritte leugnen, die durch die Beseitigung des Sklavenhandels der Menschheit gesichert worden sind, aber es hiesse doch die Tragweite des Fortschrittes verkennen, wollte man sich der von den Gerichten einiger Staaten oft geübten Gleichstellung von Sklavenhandel und Piraterie anschliessen. Die Gleichstellung verursacht viel Bedenken und ist principiell als unhaltbar anzusehen. Der Sklavenhandel verstösst nicht gegen den Seeverkehr und friedlichen Seehandel, er richtet sich nicht gegen alle Völkerrechtsgenossen, sondern gefährdet nur das Menschenrecht in seiner eigenen Ladung (Bluntschli 351). Die Schiffe der Negerhändler fahren unter nationaler Flagge, die Negerhändler unterliegen den Gesetzen eines bestimmten Staates und sie haben Anspruch auf Schutz seitens ihrer Regierung. Während schlechthin Piraten als Feinde der ganzen Menschheit (Mohl, Politik I, S. 699), Personen und Sachgüter des gesammten Seeverkehrs aller Staaten verbrecherisch bedrohen.

[*)] Vgl. hiezu Stoerks Darstellung der conventionellen Rechtsverhältnisse auf hoher See im Handb. des Völkerrechts, Bd. 2, S. 500.

Sklavenhändler können offenbar nur von demjenigen Staate gerichtet werden, welcher das Strafverbot betreffs des Sklavenhandels erlassen hat, und nur dann, wenn Unterthanen dieses Staates den Negerhandel betrieben haben. Die Wiener Kongressakte vom 9. Juni 1815 in ihren Bestimmungen betreffend Verbot des Sklavenhandels und der Vertrag vom Jahre 1841, der von einer Reihe civilisirter Staaten abgeschlossen wurde, verpflichteten die Vertragsstaaten gegenseitig, den Negerfrachthandel zur See als constitutive Piraterie zu kriminalisieren, machten aber nur jus inter partes. Es ist der Selbstbestimmung des Staates keine Grenze gezogen, wenn er einen bestimmten Handel aus Gründen der Förderung des Volkswohls oder aus rechtlich sittlichen Gründen verbietet, aber dieses Verbot kann niemals als universelles betrachtet werden. Als im Jahre 1810 das amerikanische Schiff „Amadie" von einem englischen Kreuzer angehalten und dessen Confiscation durch gerichtliches Urtheil ausgesprochen wurde, weil es den Negerfrachthandel betrieb, rechtfertigte dies Sir W. Craut mit dem Hinweis, dass die englischen Gerichte nicht ein solches Urtheil fällen konnten, solange England den Negerhandel duldete, nachdem er aber da als abgeschafft erklärt war, wären die englischen Gerichte zuständig für dessen Bestrafung. Dieser merkwürdigen Auffassung gegenüber äusserten sich Wheaton und Marschall und bemerkten zutreffend, dass kein Staat das Recht habe, einem anderen Verhaltungsmassregeln zu ertheilen oder eine bei sich anerkannte Regel für alle Staaten zu verallgemeinern. Bei der Confiscation des französischen Negerschiffs „Louis" im Jahre 1820 hob Lord Stowell diese gerichtliche Entscheidung auf, bemerkend, dass der Negerhandel nicht das Verbrechen der Piraterie, zu dessen Bestrafung jede Staatsgewalt zulässig ist, bilden könne, so lange er nicht durch Konvention von allen Staaten als solches anerkannt würde.

2. Eine andere Parallelerscheinung, die gleichfalls oft mit Piraterie identificirt worden ist, ist die Kaperei. In Zeiten,

wo die Kriegsflotte der Staaten noch nicht so gewachsen war, um dem Einzelnen genügenden Schutz gegen Gewalt und Angriff zu bieten, liessen die Staaten ihm das Recht der Selbsthülfe offen und gestatteten ihm die Anwendung von Repressalien, wodurch der Einzelne selbstständig für die von einem auswärtigen Staat oder fremden Unterthanen verursachten Beschädigungen und Beleidigungen Schadenersatz und Genugthuung sich verschaffen durfte. Der Mangel jeglicher staatlichen Seepolizei nöthigte die an dem Seehandel und Seeschifffahrt betheiligten Personen, sich zu einer kleinen Flotille zu vereinigen und mit besonderer Ausrüstung zu fahren, um sich der Angriffe der Piraten, Praedones, erwehren zu können. Diese Associationen führten zu vielen Uebelständen, da sie sich nicht immer auf die Abwehr beschränkten, sondern vielmehr auf hoher See selbst Seeraub entweder als Haupt- oder Nebengeschäft trieben, und so wurde es üblich, dass Private förmliche Beutezüge (cursus) unternahmen. Im Seekriege suchten die kriegführenden Staaten ihre Seekräfte damit zu verstärken, indem sie Privatpersonen zur Ausrüstung von Privatschiffen für Kriegszwecke und zur Betheiligung an dem Kriege unter der staatlichen Flagge durch die Ertheilung von Kaperbriefen, lettres de marque, autorisierten. Die Kaperei gab Anlass zu vielen Missbräuchen und Ausschreitungen, welche die Kriegführenden stillschweigend duldeten und selbst förderten; durch die Kaper oder Korsaren hatten aber namentlich die Neutralen viel zu leiden. Viele Versuche zur Regelung der Kaperei haben stattgefunden, aber alle blieben erfolglos, bis endlich die meisten Staaten sich durch Verträge gegenseitig verpflichteten, ihren Unterthanen zu verbieten, in der Zukunft Kaperbriefe von fremden Regierungen anzunehmen. Solche Verträge schlossen England und Frankreich am 26. September 1786, Frankreich und Holland 1662, Dänemark und die Republik von Genua am 30. Juli 1789, Frankreich und Venezuela am 25. März 1843. „S'il arrive que l'une des deux parties contractantes soit en guerre avec quelque autre pays tiers, l'autre partie ne pourra, dans aucun cas, autoriser ses nationaux à prendre ni accepter des commissions ou lettres de marque, pour agir hostilement contre la première, ou pour inquiéter le commerce et les propriétés de ses sujets ou citoyens." (Art. 16. Martens Recueil de Traités, 1843, vol. XXXIV p. 170.) Die Pariser Kongressmächte beschlossen endlich am 16. April 1856 die Abschaffung der Kaperei (Pariser Deklaration vom 16. April 1856: La course est et demeure abolie). Dem Beschlusse der Pariser Kongressmächte sind nach und nach alle civilisierten Staaten beigetreten mit Ausnahme Venezuelas, Uruguays, Mexikos, Boliviens, Spaniens. Nordamerika lehnte ebenfalls die Abschaffung der Kaperei ab, solange die Staatengesellschaft sich weigert, die auf den völligen, unbedingten Schutz des Privateigenthums zur See gerichteten Anforderungen der Vereinigten Staaten beizutreten, und motivirte seine Weigerung auch noch damit, dass die Vereinigten Staaten von Nordamerika, die sich nicht im Besitze einer grossen Kriegsmarine befänden, den grossen Seemächten gegenüer allzusehr im Nachtheil kommen würden.

Es liegt in der Natur der Kaperei, dass sie auch im Falle staatlicher Autorisirung und amtlicher Kontrole zu Ausschreitungen führt, welche ebenso gemeingefährlich sein können, wie die Piraterie es ist; gleichwohl muss aber auch hier den Autoren zugestimmt werden, die ihre Identificirung aus principiellen Gründen ablehnen.*) Gleichstellung, Gleichbetrachtung derselben mit Piraterie ist unbegründet.

---

*) So Calvo a. a. O. tome V. p. 495. Holtzendorffs Rechtslexikon Band 3, S. 655. Hartmann S. 203. Robert Phillimore a. a. O. Band I, S. 425. „It should be here observed that in time of war vessels sailing under letters of marque or a national commission and within the terms of that commission, are not and never have been considered as pirates by International Law."

Die Kaper gehören zu den Seestreitkräften eines Staates als Hilfsarmee, sie geniessen Exemtion wie die Kriegsschiffe, sie fahren unter einer bestimmten Flagge; ihr Betieb ist erlaubt nur nach Erlangung einer Urkunde (Kaperbrief, Patent, lettre de marque) seitens des einen der streitenden Theile, welcher sie zum Angriff gegen die feindlichen Schiffe ermächtigt. Die Kapereitreibenden haben bestimmte Regeln zu beobachten, sie sollen handeln gemäss den Instructionen, welche ihnen von der Regierung ertheilt sind. Die Kaperei wird nur in Kriegszeiten ausgeübt; ihre Dauer hängt von der Dauer des Krieges ab. Die Kaper dürfen nicht die Grenzen ihrer Befugnisse überschreiten, für jede Ueberschreitung seiner Function ist der Kaper verantwortlich gegenüber dem ermächtigenden Staat, dessen Kriegsgesetzen er unterliegt. Der Staat, der den Kaperbrief ertheilt hat, ist verantwortlich gegenüber den Neutralen, für das Verhalten dieser einen Theil seiner Kriegsmarine bildenden Streitkräfte. Aus allen diesen Gründen können die Kaper selbst bei Ueberschreitung der Grenzen ihrer Vollmacht nicht den Piraten gleich gestellt werden.*)

Während also die Kaperei heute noch von verschiedenen Staaten anerkannt, nur Schiffe, welche unter einer bestimmten Flagge**) segeln, angreifen, greifen die Piraten, welche aus eigener Macht und eigenem Willen, unter willkürlicher Fahne fahren und ihren Erwerb auf eigene Faust und Verantwortlichkeit betreiben, jedes Schiff ohne Ausnahme in Friedens- und Kriegszeiten an. Die von ihr vorgenommene Bedrohung des gesammten internationalen Güterumlaufes und Verkehrs ist

---

*) Robert Phillimore I, S. 425. Calvo „même lorsqu'ils excèdent les limites de leur commission". Fiore I. S. 424. Bynkershoek Quest. juris publici.

**) Ueber die Flagge als Sicherungsmittel des staatlich geordneten Seeverkehrs s. Stoerk in v. Holtzendorffs Handbuch des Völkerrechts Band 2 S. 520 fg. und Desselben Artikel: Schifffahrt in v. Stengels Wörterbuch des Deutschen Verwaltungsrechts III. Ergänzungsband.

zeitlich und räumlich unbeschränkt. Jene steht auch in den Tagen des kriegerischen Gegensatzes unter den strengen aber immer festen Regeln des Kriegsrechts, die für das Gebahren dieser völlig fehlen und daher der rechtswidrigen Gewalt schrankenlose Geltung lassen. Gegen die Ausdehnung des Begriffs der Kaperei und ihre Gleichstellung mit der Piraterie hat sich denn auch mit gutem Grunde die Staatspraxis entschieden und in diesem Sinne äusserte sich auch das englische Parlament, als bei dem amerikanischen Bürgerkrieg der Präsident Lincoln mittels Erlasses vom 19. April 1861 alle Kaperschiffe der Südstaaten als Piratenschiffe erklären und mit deren Strafe bedrohen wollte.

3. Auch die von einzelnen nationalen Gesetzgebungen vorgenommene Identificirung solcher Schiffe mit der Piraterie, die sich den verwaltungsrechtlichen Kontrolnormen entziehen, hat mit Recht lebhafte Anfechtung gefunden in Theorie sowohl als in Gerichtspraxis.

Zu der Bestimmung des französischen Gesetzes vom 10. April 1825 und der spanischen Ordonnance von 1801, Art. 27 und 29, wonach diejenigen Schiffe als Piraten-Schiffe betrachtet und bestraft werden, welche ohne Reisepässe oder im Besitz von falschen segeln, bemerkt Royer-Collard zutreffend. „La piraterie peut être poursuivie par toutes les nations et jugée par leurs tribunaux conformément à leurs lois. Personne donc ne pensera pas que les tribunaux français, en temps de paix, puissent juger et condamner l'équipage d'un navire étranger qui, n'ayant commis aucun acte de violence ou d'hostilité naviguerait armé et sans passe-ports légitimes et réguliers, ou serait muni de commissions de différents Etats". Das Fehlen von Reisepässen oder ihre Fälschung, das Segeln ohne oder unter einer von keiner Staatsgewalt sanktionierten Flagge bildet allerdings eine Verletzung des Seerechts der civilisirten Staaten und wird als strafbare Handlung sui generis in allen Seerechtssystemen anerkannt aber die Gleichstellung dieser Unterlassung mit der Piraterie ist ebenso unglücklich, wie der von Oesterreich und der Nordamerikanischen Union im Jahre 1869 gemachte Vorschlag, die Beschädigung des internationalen Telegraphenkabels als Piraterie zu betrachten. Renault (vergl. Annuaire de l'Institut de Droit international III und IV p. 362) sprach in den Verhandlungen des Instituts für internationales Recht im Jahre 1879 in Brüssel entschieden gegen diesen Vorschlag der beim Abschluss des Vertrags zum Schutz der Kabel am 14. März 1884 auch einfach unbeachtet blieb.

Ziehen wir die Summe des Gesagten so ergiebt sich für die Begriffsbestimmung der Piraterie das Folgende: Man versteht darunter jeden auf offenem Meer ohne irgend welche staatliche Autorisation in Friedens- und Kriegszeiten auf Schiffe irgend welcher Nationalität ohne Ausnahme ausgeführten Angriff zum Zweck der Beraubung. Bynkershoek Quaestiones juris publici, Lib I. cap. 17a. Qui autem nullius principis auctoritate, sive mari, sive terra, rapiunt, piratarum praedonumque vocabulo intelliguntur. Unde ut piratae puniuntur, qui ad hostem depraedandum enavigant sine mandato praefecti maris, et non praestitis, quae porro praestari desiderant.[*]) Aus dieser Definition der Piraterie ergiebt sich, dass die charakteristischen Merkmale, welche den Thatbestand derselben bilden, folgende sind:

1. Der Mangel einer Autorisation Seitens einer anerkannten Regierung, welche die Ermächtigung zu Angriffen

---

[*]) Pasquale Fiore Bd. I. S. 423. Calvo V p. 485. Henry Wheaton Bd. I, S. 141. Liszt, Völkerr. S. 144. Hartmann S. 203. Perels S. 125. Gareis in Holtzendorff Handbuch des Völkerr. Bd. II S. 571. Rivier S. 162. Robert Phillimore Band I, S. 411: „Piracy is an assault upon vessels navigated on the high seas, committed animo furandi, whether the robbery or forcible depredation be effected or not, and whether or not it be accompanied by murder or personal injury". Ortolan Bd. I, 250. Bluntschli p. 343.

gegen Schiffe ertheilt, die dieselbe gegenüber anderen Staaten für den Angriff verantwortlich macht. Dies ist das Hauptmerkmal, welches Kaperei und Piraterie von einander unterscheidet; die erste wird durch ermächtigte Personen betrieben, welche bestimmte Regeln zu beobachten haben, während das Verbrechen der Piraterie durch Personen, welche willkürlich unkontrollirt handeln, ausgeübt wird.

2. Die Angriffe der Piraten sind gegen jedes friedliche Handels- und Seeschiff ohne Nationalitäts-Berücksichtigung gerichtet; der Angriff gegen Schiffe einer bestimmten Flagge fällt nicht unter den Begriff der Piraterie, denn dadurch wird nicht der friedliche Verkehr des Meeres bedroht, nicht die ganze Menschheit betroffen, nicht die Völkerrechtsordnung in ihrer Gestaltung zur See verletzt, sondern nur die Schiffe, welche unter der bestimmten Nationalflagge segeln, deren Regierung dann auch in den durch das Völkerrecht gebotenen Formen der Reaction gegen einen offenen Feind vorgehen kann. Die Aufforderung an die verschiedenen Staaten durch den Präsidenten von Nordamerika, Lincoln, am 19. April 1861, die südstaatlichen Schiffe, welche bei dem amerikanischen Bürgerkrieg die nordamerikanischen angriffen, als Piraten zu betrachten, wurde als unbegründet erklärt und die Secessionisten von Frankreich und England als kriegführende Macht anerkannt. Die Brander der Griechen bei dem Unabhängigkeitskriege im Jahre 1827 waren nicht Piratenschiffe, ihre Angriffe, welche nur gegen die Schiffe, die unter türkischer Flagge segelten, gerichtet waren, bilden nicht den Gegenstand der Piraterie. Ihre Führer, welche die Bewunderung der ganzen Welt auf sich zogen, sind nicht Räuber gewesen, sondern Kämpfer für Ehre und Freiheit des Vaterlandes. Als im Jahre 1877 das spanische Schiff „Montezuma" von den cubanischen Insurgenten genommen und die cubanische Flagge gehisst wurde in der Absicht, die spanischen Schiffe zu überfallen, verlangte die spanische Ge-

sandtschaft in Rio de Janeiro von der Brasilianischen Regierung, dass das Schiff „Montezuma", wenn es in einen ihrer Häfen einliefe, festgenommen und die Mannschaft als Piraten behandelt werden sollte. Daraufhin erhielt der spanische Minister des Aeussern am 12. Juni 1877 von dem brasilianischen folgende ausführliche Depesche, aus der hervorgeht, dass die Insurgenten zur See und die Kaper, welche Schiffe bestimmter Nationalität angreifen, nicht mit den Piraten zu verwechseln seien, „Le gouvernement de Sa Majesté Catholique peut soumettre le „Montezuma" à toute la rigueur de ses lois comme Pirate. Personne ne lui refusera ce droit; mais le gouvernement impérial qui est étranger à la question de l'île de Cuba, ne se trouve pas obligé d'agir de la même façon et en refusant de le faire il suit une règle géneralement admise, qui est la première à laquelle il doive se conformer dans la question actuelle. Pirates à proprement parler, sont ceux qui courent les mers pour leur propre compte, sans autorisation compétente, dans le but de s'emparer des forces des navires qu'ils rencontrent, en commettant des déprédations contre toutes les nations indistinctement. Dans la question actuelle les hostilités qu'elles dénome et prévoit, ne sont pas dirigées contre toutes les nations mais uniquement contre l'Espagne, elles n'ont pas le but de commettre des déprédations, mais d'aider la cause d'une colonie en insurrection".

3. Das Feld der Thätigkeit der Piraten ist das offene Meer (mare exterum), welches nach anerkannter richtiger Auffassung herrenlos ist, dessen Benutzung jedermann freisteht, an dem jeder staatliche Verband ein gleiches Anrecht hat*). Räuberische Unternehmen, welche auf den Küstengewässern verübt werden (Strandraub, Fluss-Piraterie), können nicht mit der eigentlichen Piraterie verwechselt werden.

---

*) Ueber die geschichtliche Entwicklung des Grundsatzes der Meeresfreiheit, die principiellen Grundlagen und Rechtsfolgen s. Stoerk im 2. Bande des Handbuchs für Völkerrecht S. 483 fg.

Gareis in Holtzendorffs Handbuch des Völkerr., Bd. 2. S. 571. Perels, S. 125. Pasquale Fiore I, S. 423. Calvo V, par 485. (Robert Phillimore a. a. O. S. 414, bejaht die Frage, ob der Raub auf den Küstengewässern als Piraterie anzusehen ist). Der Strandraub wird ausgeübt auf Gewässern, welche einer bestimmten Obrigkeit unterworfen, welche Staatseigenthum sind. Zu der Verfolgung und Bestrafung der Strandräuber ist nur der in den Küstengewässern herrschende Staat berechtigt; die Verfolgung der Fluss-Piraten durch Organe eines anderen Staates als desjenigen, zu dem die Küstengewässer gehören, ist nicht erlaubt, denn der Strandräuber gilt nicht, wie der eigentliche Pirat als denationalisiert, als hostis humani generis, nach der alten Terminologie, sondern er ist der Jurisdiction eines bestimmten Staates unterworfen. Während die Völkerrechtslehrer den Strandraub nicht unter die eigentliche Piraterie stellen, stehen sich unter den Bearbeitern des Deutschen Strafgesetzbuches zwei Ansichten gegenüber: Die eine (Binding, Grundriss 2, 171, v. Liszt S. 435, Merkel und Oppenheim), lehnt sich an den völkerrechtlichen Grundsatz an, wonach, wie oben gesagt, der sich über Kanonenschussweite erstreckende Theil des Meeres die offene See bildet, während der auf Kanonenschussweite dem Staatsgebiete angehört; die andere beruht mehr auf einer natürlichen Auffassung des Begriffs, indem z. B. Ruboa. a. O. N. 7 die Ansicht vertritt, dass zur offenen See jeder Theil des Meeres gehöre, und Villnow (Raub nnd Erpressung) stellt den Ausdruck „offene See" im Gegensatz zum Hafen und der Mündung der Flüsse. Weiter als die Deutschen Criminalisten geht Kostis (Ἑρμηνεία τοῦ Ποινικοῦ Νόμου Τομ 3), indem er meint, dass unter offenem Meere die Küstengewässer, die Häfen, Buchten, Meerbusen und Flussströmungen zu verstehen sind; wenn also ein Raub auf irgend einem Schiffe ausgeübt wird, sogar auf einem im Hafen ankernden, sei dies als Piraterie zu erkennen. Gegen diese irrthümliche und zu Konflikten führende Anschauung sprach sich die Entscheidung des höchsten Gerichts in Griechenland Ἄρειος Πάγος N. 2 im Jahre 1866 mit grosser Bestimmtheit aus.

4. Zweck, Triebfeder der Angriffe der Piraten ist die Bereicherung durch Raub, der animus furandi. (Pasquale Fiore I, S. 423. Wheaton B. I, S. 141. Hartmann S. 203. Perels, S. 125. Phillimore I, S. 411. Holtzendorffs Handbuch, Bd. 2, S. 571. Ullmann, S. 214). Die von Heffter p. 104 und Bluntschli p. 343 aufgestellte Meinung, dass die Zerstörung von Schiffen einer verhassten Nation, die Versenkung ihrer Güter, die Angriffe gegen Schiffe seitens eines Capitäns, der nicht auf Bereicherung ausgeht, sondern es nur aus Rache thut, als Piraterie anzusehen ist, kann völkerrechtlich nicht unterstützt werden, weil die Piraten jeden Seefahrer als Feind betrachten, während diejenigen, die sich Vergeltung verschaffen möchten, nur bestimmte Personen oder Unterthanen bestimmter Staaten zum Gegenstand ihres verbrecherischen Angriffs machen; infolge dessen fehlt bei ihnen der anationale oder internationale Charakter der räuberischen Absicht, welchen das Verbrechen der Piraterie an sich trägt,

5. Es ist nicht erforderlich, dass das Schiff zum Zweck der Piraterie ausgerüstet werden muss. Wenn die Mannschaft oder die Passagiere eines friedlichen Schiffes gemeutert und des Schiffes sich bemächtigt haben in der Absicht, räuberische Gewaltthaten gegen andere Schiffe zu verüben, so wird durch den Umstand, dass der Zweck der Reise friedlich war, der Thatbestand der Piraterie nicht ausgeschlossen, sondern es fällt der Schutz der Flagge, das Recht des Schiffes sie zu tragen, sofort weg, sobald es räuberische Angriffe unternimmt. Für die Festnahme des Schiffes, Aburtheilung und Bestrafung der Schuldigen ist dann jede Staatsgewalt zuständig. (Perels, S. 125. Wheaton I, S. 165. Ortolan I, S. 211. Calvo p. 485.) Ein kleines Schiff, welches unter türkischer Flagge segelte und

im Oktober 1898 bei der Fahrt von den Dardanellen nach Kreta sich befand, wurde unterwegs von den Passagieren Basilios Paraskevas und Gefährten genommen, nachdem der Capitain und die Matrosen des Schiffes getödtet und ins Meer geworfen worden waren. Die Verbrecher wurden als Piraten erklärt, aber es gelang ihnen, sich der türkischen Strafverfolgung zu entziehen und weitere Räubereien auszuführen. Ihre Verwegenheit führte sie bis nach Piraeus hin, wo sie endlich festgenommen und zum Tode verurtheilt wurden. Der Einwand, der bei dieser Gelegenheit erhoben wurde, dass die Verbrecher von den griechischen Gerichten nicht bestraft werden dürfen, weil sie nur gegen fremde Unterthanen Piraterie verübt hatten, konnte die Schuldigen nicht retten, denn die Piraterie ist ein internationales Verbrechen, zu dessen Verfolgung und Bestrafung nach der, wenn auch nicht überall, so doch sicherlich bei vielen Völkern noch in Geltung stehenden Rechtsüberzeugung jede gesittete Staatsgewalt das Recht und die Pflicht hat.

Der gegen diesen Satz erhobene Einwand Zorns (Reichsstaatsrecht 2. Aufl. Bd. 2 S. 927 fg.) ist von seinem dem Völkerrecht gegenüber eingenommenen principiellen Standpunkt aus durchaus begreiflich und sachlich konsequent. Wir schliessen uns aber der von Gareis gegen Zorn erhobenen Replik an, die wir auf dem Boden des internationalen Verkehrsrechts fest begründet erachten, und glauben mit Gareis (Handbuch des Völkerrechts Bd. 2 S. 572), dass die Anerkennung der „Völkerrechtswidrigkeit" der Piraterie communis opinio darstelle, dass aber darüber hinaus gewichtige Zweifel walten, sofern bestimmte positive Resultate an diesen Vordersatz geknüpft werden sollen.

V. Verfolgung und Bestrafung der Piraterie.

In der Blüthezeit der Piraterie, als die Handels- und Kriegsflotten der Staaten ihr ohnmächtig gegenüber standen und dem Seefahrer nicht genügender Schutz zur Seite gestellt werden konnte, sahen sich die Handels- und Seeschiffe genöthigt, zu einer kleinen Flotille vereinigt mit besonderer Ausrüstung zu fahren, um sich der Angriffe der Piraten (Praedones) erwehren zu können. Diese Associationen führten zu vielen Uebelständen, da sie sich nicht immer auf die Abwehr beschränkten, sondern auf hoher See selbst Seeraub entweder als Haupt- oder Nebengeschäft betrieben. In dieser Zeit suchten die Staaten von den Piraten sich dadurch zu befreien, dass sie den Privatpersonen die Verfolgung, Ergreifung und ohne weiteres Tödtung der Piraten nicht nur gestatteten, sondern sogar belohnten. (Englisches Decret, erlassen am Anfang des 18. Jahrh.) In der Zeit, wo die Piraten der Verfolgung Aller preisgegeben waren, suchten die Gesetzgebungen die Privatpersonen dazu anzuspornen, indem sie dem Besieger der Piraten das auch von ihnen abgejagte Gut als Belohnung gaben. In diesem Sinne hat sich eine französische Gerichtsentscheidung am 24. April 1624 geäussert, als ein algerisches Piratenschiff festgenommen wurde.

Die spanische, niederländische und venetianische Praxis des 17. Jahrhunderts billigte diese französische Entscheidung ebenso, wie das völkerrechtlich und privatrechtlich richtige Prinzip „Pirata non mutat dominium," „pirate ne peut changer le domaine".

Im weiteren Verlauf der Zeit, bei den Fortschritten der Civilisation und Entwickelung der Rechtspflege musste auch die Verfolgung der Piraten anders geregelt werden. Die harten Strafen, mit welchen früher die Piraten durch die Privatpersonen belegt wurden, das Kielholen, wobei der Verbrecher unter dem Schiffe an einem Stricke hindurchgezogen wird, das Schlagen mit dem nassen Seile, das Anheften, Aufhängen an dem Mast, das Untertauchen (Leibnitz, Cod. juris CXXIV p. 4), Springen von der Raa etc. mussten beseitigt werden. Noch weit mehr die von der älteren Praxis geübte

Tödtung: Aufhängen „an die Raa".*) Nach heutiger Auffassung des Strafrechts und der Strafrechtspflege muss jeder Bestrafung ein Strafanspruch zu Grunde liegen, und einen solchen hat nur der Staat und nicht die Privatperson. Ihm muss ein gesetzlich geregeltes Strafverfahren folgen, dessen Gang und Ordnung ebenfalls nur durch den Staat und seine amtlichen Organe bestimmt wird. Nur für den Fall der unmittelbaren Abwehr des rechtswidrigen Angriffes wird wohl auch in allen Strafrechtssystemen der Kulturstaaten nach dem Satze vim vi repellere licet, und nach den Grundsätzen der Nothwehr selbst die bis zur Tödtung des Angreifers und zur Zerstörung seines Schiffes etc. reichende Abwehrbefugniss dem Piraten gegenüber gewiss nicht geschmälert werden. Tödtung der Piraten ohne gerichtliches Verfahren ist Unrecht und somit eine neue Gefährdung der Rechtsordnung.**)

Hier erwächst jedoch dem Problem eine neue Schwierigkeit aus dem eigenartigen Verkehrsprinzip der Meeresfreiheit einerseits und der den meisten Strafgesetzgebungen andererseits zu Grunde liegenden Tendenz von einigen bestimmten Ausnahmefällen abgesehen nur die im Territorium oder von Nationalen im Auslande begangenen Delikte dem staatlichen ius puniendi zu unterwerfen. Je weiter sich eine staatliche Strafgesetzgebung vom Ideal der Weltrechtspflege entfernt hält, um so grösser ist die Schwierigkeit, die der Verfolgung und Bestrafung der von fremden Seeräubern auf hoher See

---

*) S. dagegen Robert Phillimore I, S. 412. „Every body is commissioned and is to be armed against them, as against rebels and traitors to subdue and to rood them out."

**) Pardessus. Droit commercial „Le droit de tuer les pirates sans autre forme de procès, se perd en même temps que celui de tuer des ennemis pris dans un combat au dans les cas de légitime défense; la seule différence entre eux, c'est que ces derniers sont traités comme des prisonniers de guerre, tandis que les premiers sont comme des criminels ordinaires."

begangenen Akte der Piraterie entgegensteht. Nur die eigenen Unterthanen der Staaten sind gehorsamspflichtig der Staatsgewalt, welche auf hoher See zur Geltung gelangt durch die mit der Ausübung der Seepolizei beauftragten Organe der Kriegsmarine; die Angehörigen anderer Staaten dann sicher und insoweit als der eigene Staat Amtsgewalt den Führern fremder Kriegsschiffe delegirt hat. Die Fälle der so conventionell durch brochenen „Meeresfreiheit" (s. Stoerk im Handbuch für Völkerrecht Bd. 2, S. 498 fg.) bezeichnen so das Minimum der rechtlichen Zuständigkeit auch fremder Staatsorgane in Ansehung des erlaubten Verkehrs auf offener See. Es knüpft sich eben daran die Frage, ob die Kriegsschiffe auch über jenes Mindestmaass hinaus staatliche Autorität auf hoher See dem offenbar illiciten Seegebrauch gegenüber besitzen.

Diese Frage ist in ihrer Beantwortung von manchen Zweifeln bedingt, deren Gewicht wir uns nicht verhehlen. Eine eingehende Prüfung des geschichtlichen Entwicklungsganges, des Quellenmaterials, wie der Aussprüche fachlicher Autoren lässt uns jedoch der Ansicht zuneigen, die Gareis in die Formel bringt: Die Erklärung der Völkerrechtswidrigkeit des Seeraubes ist, wenn auch aus ihr nicht abgeleitet werden kann, dass jeder Staat in jedem Falle gegen die Piraterie einzuschreiten berechtigt sei (scil. kraft nationalen Rechts) doch keineswegs für das internationale Rechtsleben bedeutungslos oder wirkungslos (a. a. O. S. 572); und so glauben wir denn, dass Gewohnheitsrecht und Gerichtspraxis in vielen Staaten auch zu Gunsten der Verfolgung und Bestrafung der Piraterie eine Durchbrechung des Princips des von fremder Staatsgewalt unkontrollirten Gebrauchs der Seewege anerkennen und bethätigen lassen. Wenn genug Verdacht vorhanden ist, dass ein Schiff sich Piratenthaten schuldig gemacht hat, ist demnach den Kriegsschiffen jeder Nationalität die Befugniss, ja nach Mass des heimischen Rechts auch die Verpflichtung beigelegt, gegen die Piratenschiffe einzugreifen, zie zu verfolgen und die angehaltenen Piratenfahrzeuge in den nächsten, wenngleich fremden Hafen zur Aburtheilung abzuführen. (Pasquale Fiore I, S. 423. Calvo V, p. 495. Martens 2. S. 239. Henry Wheaton I, S. 141.)

Neben der Hauptaufgabe der Kriegsschiffe ihrer Kampfbereitschaft, neben dem nationalen Dienst, welchen sie ihrem Staat zu leisten haben, haben sie somit auch eine internationale polizeiliche Aufgabe: den internationalen Seeverkehr und Seehandel vor Piraten zu schützen. Ohne diesen Schutz würde das Meer der Tummelplatz und Zufluchtsort von Feinden der Rechtsordnung sein, wie dies früher der Fall war und es noch heute da ist, wo das Einschreiten der Kriegsschiffe nicht gefürchtet wird. Das Einschreiten der Kriegsschiffe gegen die Piraten auf hoher See beschränkt sich nicht auf den Schutz der Handelsmarine der eigenen Nationalität; die Kriegsschiffe aller Nationen sind vielmehr berufen, zum Schutze des gemeinsamen Interesses aller Nationen ohne Rücksicht auf die Nationalität des Angreifers und des Angegriffenen Gebrauch von ihrer Vollmacht zu machen. Es handelt sich hier thatsächlich um eine internationale Seepolizei im Interesse des friedlichen Seeverkehrs und Handels aller Nationen. Das Einschreiten eines Kriegsschiffes gegen Seeraub dient unmittelbar den Interessen jeder an dem Seeverkehr betheiligten Nation, den Interessen der ganzen Menschheit. Die Kriegsschiffe können überall einschreiten, wo die Sicherheit des Meeres durch Piraten bodroht wird, und diejenigen, welche den Kriegsschiffen das Recht zu diesem Einschreiten absprechen (Bulmerincq, S. 357), verkennen das Bedürfniss nach Schutz auf der grossen völkerverbindenden Verkehrsstrasse, welche herrenlos ist, die aber rein gehalten werden soll. Dem Rechte der Verfolgung entspricht konsequent das Recht der Bestrafung als Folge der Durchbrechung der streng nationalen Jurisdictionsgewalt auf hoher See. Im Sinne dieser Auffassung des

Grundverhältnisses wird jede Staatsgewalt zuständig erklärt, die in ihren Hafen abgeführten Piratenschiffe abzuurtheilen und zu bestrafen. Die Regel „locus regit actum" kann auf den Piraten keine Anwendung finden. (Ortolan I, S. 211. Hartmann, S. 230. Perels, S. 126. Calvo V, 495. Pasquale Fiore I, S. 423. Martens 2, S. 239. Henry Wheaton I, S. 142.) Phillimore I, p. 356: To whatever country the pirate may have originally belonged, he is justiciable everywhere." Wheaton I, S. 164. „Piracy under the law of nations may be tried and punished in the courts of justice of any nation by whomsoever and wheresoever committed."

Was endlich die praktische Geltung der im Vorstehenden geschilderten Repressiv-Einrichtungen betrifft, so ist ihr räumliches Geltungsgebiet naturgemäss beträchtlich eingeengt dank der grossen die Verkehrswege zur See sichernden und befriedenden Marinekontrole der europäischen Kulturstaaten. Dies grosse Verdienst der Kriegsmarinen kann nicht scharf genug in der Geschichte des internationalen Verkehrsrechts betont werden. Nur dort, wo erst schwache Ansätze vorliegen für die Erstarkung der staatlichen Gewalt oder wo alte Gemeinwesen im Niedergang und in politischer Auflösung begriffen sind, da besteht die Piraterie noch in grösserem Umfange, ein schweres Hemmniss für die Entwickelung eines gesicherten Seeverkehrs. Dies ist zur Zeit noch der Fall in den Gewässern von Indochina, wo namentlich die chinesischen Piraten mit besonderer Kühnheit und Frechheit ihr Gewerbe betreiben, und wo den Grossmächten die völlige Unterdrückung dieses alten Uebels noch nicht gelungen ist. Infolge der dort mit Wagniss betriebenen Piraterie sahen sich u. A. die Staaten des Deutschen Zollvereins genöthigt, zur Wahrung ihrer See- und Handels-Interessen den Vertrag vom 2. September 1861, der am 14. Januar 1862 ratificirt wurde, mit China abzuschliessen, in dessen Artikel 30 festgesetzt wurde, dass es Kriegsschiffen der contrahierenden Deutschen Staaten, welche zum Schutze des Handels kreuzen oder mit Verfolgung der Piraten beschäftigt sind, freistehen sollte, alle chinesischen Häfen ohne Ausnahme zu besuchen und die Piratenschiffe zu verfolgen (siehe die vorläufige Instruction vom Jahre 1877 für die Kommandanten Deutscher Kriegsschiffe in Betreff der Unterdrückung der Piraterie in chinesischen Gewässern,) Aus der Staatenpraxis der jüngsten Zeit seien noch folgende charakteristische Fälle erwähnt: Nach der Zerstörung der Deutschen Bark „Apenrade" durch die chinesischen Piraten wurde die Ermächtigung seitens der Deutschen Regierung von der chinesischen verlangt, durch die Mannschaften S. M. Corvette „Medusa" die Piratendörfer abzusuchen, um die Frevler zu ermitteln und zu bestrafen, welchem Ersuchen auch von Seiten Chinas stattgegeben worden ist.

Auch auf dem Mittelmeer sind noch öfters solche Fälle von Piraterie vorgekommen. Bekannt ist der im September 1889 durch Piraten erfolgte Angriff und Plünderung einer spanischen Corvette, welche bei der Durchfahrt von Malaga nach Tanger sich befand. Auch das Aegäische Meer ist in der letzten Zeit noch Schauplatz solcher Thaten gewesen, deren Urheber aus der türkischen Hafenstadt Aiwalyk, in türkischen Vilajet Chadowendikjar stammen. Die griechische Regierung wurde dadurch veranlasst, besondere Vereinbarungen mit der türkischen zu treffen, um gegen die Störer der Ordnung auf dem Mittelmeere erfolgreich auftreten zu können.

Gewährt das moderne staatliche Verwaltungssystem durch Kreuzer und Küstenschutz weitreichende Sicherung gegen seeräuberische Ueberfälle, so hat das neuere Recht auch noch durch zahlreiche indirekte Mittel die Widerstandskraft der Kauffahrteischiffe gegen die Piraterie gehoben. So durch die Einrichtungen der amtlichen Untersuchung der Seeunfälle, durch die Anordnung der Hülfeleistung in Seenoth und nicht zum Mindesten durch die Vorschriften über die Auftheilung der im

Kampfe gegen Seeräuber erlittenen Schäden und Verluste nach den für Havarie bestehenden Grundsätzen.

Die Handelsschiffe dürfen heute nicht nur die zur Vertheidigung gegen rechtswidrigen Angriff seitens der Piraten erforderlichen Gewaltmassregeln vornehmen, und sie nicht nur zum Schutz der eigenen Person und Eigenthums, sondern auch dann, wenn es erforderlich erscheint, um einen Angriff von einem anderen abzuwehren (Deutsches Strafgesetzbuch § 53). Dem Schiffscapitän steht wohl nicht mehr ein Strafrecht gegen die Piraten zu; ihm wird jetzt nur die Pflicht auferlegt, bei Angriffen auf Schiff oder Ladung seitens der Piraten alle befohlene Hilfe zur Erhaltung derselben zu leisten. Freiwillige Uebergabe wird in vielen Rechtssystemen als Delikt betrachtet. (Spanisches Handelsgesetzbuch Art. 669.) Aehnlich verhält es sich mit der englischen Bestimmung, wonach der Schiffer, der ein Schiff von mindestens 200 Tonnen und 16 Kanonen führt, nie sein Schiff und seine Ladung, und zwar letztere auch nicht, um das Schiff zu retten, an Seeräuber übergeben darf, sondern sich auf alle Fälle vertheidigen muss. (Kaltenborn, Grundsätze des praktischen europäischen Seerechts, Band I, S. 1811.) Diese Pflicht suchen die Gesetzgebungen dadurch zu steigern, dass sie dem Capitän, wenn er bei Vertheidigung von Schiff und Ladung verletzt wird, oder seinen Erben ein Anrecht auf besondere Belohnung zuschreiben. (Deutsche Seemannsordnung, §§ 32 und 49. Deutsches Handelsgesetzbuch, Art. 523 und 524.)

Besonders ausführlich sind hierüber wie über die ganze Materie der Schadensregulirung im Kampfe gegen Seeräuber die Vorschriften der Handelsordnung des russischen Reiches nach der Ausgabe von 1887, (übersetzt von V. v. Zwingmann, Riga 1889). Dort heisst es im Art. 380: Wenn Feinde oder Räuber ein Schiff, wo es auch sei, überfallen, so muss der Schiffer auch ohne Vorwissen der Obrigkeit sich mit allen Kräften vertheidigen. Wenn aber solchenfalls der Schiffer sich des Schiffs oder Fahrzeuges des Angreifers bemächtigt und es gefangen nimmt, so muss er es mit der gesammten Beute und ohne diese zu berühren, nach einem Hafen bringen und der Prisen-Kommission vorstellen oder einem russischen Kriegsfahrzeuge, falls er einem solchen begegnet, übergeben; für seine Tapferkeit aber hat er das Recht, eine Belohnung zu beanspruchen. Der Schade, Nachtheil und Verlust, welcher dem Schiff, der Waare oder Ladung während der Vertheidigung gegen Feinde oder Räuber zugefügt wird, gilt als grosse und allgemeine Havarie und wird nach derselben Berechnung (Art. 398) bezahlt. (Art. 403.) Wenn während der Vertheidigung und Gegenwehr gegen Feinde oder Räuber ein Schiffsmann oder Wasserfahrer verwundet oder getödtet ist, so wird seine Heilung und Belohnung zur grossen und allgemeinen Havarie gerechnet und nach der Berechnungsweise des Art. 398 bezahlt. (Art. 404.) Der Loskauf des Schiffs, der Waare oder Ladung aus der Hand von Feinden oder Räubern wird als grosse und allgemeine Havarie angesehen und nach derselben Berechnung (Art. 398) bezahlt. Der Schiffer aber ist verpflichtet, falls der Loskaufende sich in Gefangenschaft befindet, ohne den mindesten Verzug das zu seiner Befreiung erforderliche Lösegeld zu erlegen. (Art. 405.) Wenn der Schiffer und die Schiffsleute das Schiff eifrig und tapfer gegen Feinde und Räuber vertheidigt haben, so werden die Ausgaben für ihre Belohnung als grosse und allgemeine Havarie angesehen. (Art. 417.)

Ebenso wie die Verfolgung der Piraten wird auch das Schicksal des ihnen abgejagten Guts jetzt anders geregelt, zu Gunsten desjenigen nemlich der sein Eigenthumsrecht nachweisen kann, allerdings nach Erstattung der Kosten der Wiedererlangung und gewissermassen Zahlung einer Belohnung. In diesem Sinne wurden verschiedene Verträge abgeschlossen, so der Vertrag zwischen Oesterreich und Griechenland im Jahre 1843, Art. 14. (Neumann t. IV. p. 369. Martens, Nouveau Recueil t. XIV, p. 92.) Frankreich und Russland im Jahre

1787. (Martens, t. III, p. 1. 2ᵉ édit. t. IV, p. 196.) England und Türkei im Jahre 1675, Frankreich und Vereinigte Staaten von Nordamerika 1828, Art, 22. Als typisch sei hier angeführt der zwischen Deutschland und Nicaragua abgeschlossene Freundschafts-Vertrag vom 4. Februar 1896. Er bestimmt in Art. 19: „Schiffe, Waaren und andere den betreffenden Staatsangehörigen eigenthümliche Gegenstände, welche innerhalb der Gerichtsbarkeit des einen der beiden vertragschliessenden Theile oder auf hoher See von Piraten beraubt und nach den Häfen, Flüssen, Rheden oder Buchten im Gebiete des anderen Theiles gebracht oder daselbst angetroffen werden, sollen ihren Eigenthümern gegen Erstattung der Kosten der Wiedererlangung, wenn solche entstanden und von den kompetenten Behörden zuvor festgestellt sind, zurückgegeben werden, sobald das Eigenthumsrecht vor diesen Behörden nachgewiesen sein wird, auf die Reklamation hin, welche innerhalb einer Frist von zwei Jahren von den Betheiligten oder dessen Bevollmächtigten oder von den Vertretern der betreffenden Regierungen eingebracht werden muss. (R. G. Bl. 1897, S. 171.)"